Rolf Alldag (Hrsg.)

Arntedanz

Niederdeutsche

Gedichte

vom Heidedichter

Bernhard Alldag

(1895-1983)

Sternal Media

Bibliografische Information der Deutschen Nationalbibliothek
Die Deutsche Nationalbibliothek verzeichnet diese
Publikation in der Deutschen Nationalbibliografie; detaillierte
bibliografische Daten sind im Internet über dnb.d-nb.de
abrufbar.

Impressum:

© 2011 Bernd Sternal, Rolf Alldag
Herausgeber: Verlag Sternal Media
Gestaltung, Satz: Lisa Berg,
　　　　　　　　Sternal Media, Gernrode
　　　　　　　　www.sternal-media.de
　　　　　　　　www.harz-urlaub.de
Aquarelle und Gedichte Bernhard Alldag
Fotografien: Rolf Alldag
1. Auflage August 2011
ISBN: 978-3- 8423-6839-2
Herstellung und Verlag:
Books on Demand GmbH, Norderstedt

Inhalt

Widmung

Ich möchte diesen kleinen Gedichtsband meiner Tante Mary und meinem Onkel Bernhard widmen, die mir und meiner Familie in herzlicher Liebe zugetan waren.

Rolf Alldag

Dat tweite Gesicht

De Nahbersdochter mag meck geern
Jedoch eck will se nich
Eck simmer'n bettchen bange vor
Se hett'n tweit Gesicht

Wenn irgendwatt in Dörpe was
Het se vorwegg e'sein
Ok dat de Blitz det Kösters Hus
Von Nacht slaug kort un klein

As Pinkepank, de ole Smett,
Güng mit'n Dode aff
Sach Nahbarsdochter längst vorrwegg
Saugar de Stund un Dag

Kort, allens watt mit Speuck un Dod
Jedeinen gräulich dücht
Süht Nahbarsdochter stehts vorwegg
Mit öhren tweit Gesicht

Eck will se nich trotz Hoff un Huus
Ok lockt meck nich öhr Geld
Ne Frau, de twei Gesichter het
Paßt nich in mine Welt

Spökenkiker

De Üle juchet üm sin Hus
„Kumm mit - Kumm mit - Kumm mit"
De Spökenkiker tustert lis
Bring gleek de Schüffel mit

Von morgens sach hei in der Freu
Sin Nachbar dot un stief
Un neben sinen stillen Hus
Stund deiw bedeuwt sin Wiw

De Dohenwörm de tucket noch
Tik- tak tik- tik tak
De Nachbarde is wohlgemaut
Wiet oopen grennt dat Graw

„Kumm mit- kumm mit" De Üle schrillt
Un gaw seck arst tau'r Rauh
As obernacht den Kiker deip
De Nachbar schüffelt tau

Dat Ridderspeel der Kreatur

Eck gahe geern dör Wald un Fluren
Freumorgens in stiller Jinsamkeit
Wenn noch de Nacht sitt in den Büschen
Un nee de Dag seck recken deit

O herrlich is't in freuer Stunne
Wenn use Herrgott weckt de Welt
Un seck de Lärke jubeleernd
Swingt in dat hoge Heebenstellt

De Dag fangt an mit Sang un Schalle
Nee atmet wee'erWald un Flur
Von nee'n ok Kamp üm't Leeben
Dat Ridderspeel der Kreatur

De Nacht güng juste lis von hinnen
Schon speelet Käfers froh am Beukenstamme
Da husch! Nee Muus seck ein'n fenget
De Nachtwas lang de Dagg fangt an

Den einen Dot den anner'n Leeben
De Herrgott he dat sau bestimmt
Ok dat de Voß seck justamente
Ut'n Rohr n'gladden Arpel dümpt

De Sunne stigt sacht jümmerst höger
De Heeben gluht sau rot wee Blaut
In sinen Glanze seih eck wee twei Böcke
Seck üm n'Smalet forkeln daut

Un weifet dat mant nur sau baffetand
Un müllmen deit de witte Sand
De Finken slaht vom Jungfernkranz
Dat herrlichna meck rober schallt

Eck gah min Wegg am Water runder
De Poggen murkt de Aanten quarkt
Im Schlipe steht ne Drommel starre
Eck dau as wenn eck se nich mark

Ok schreck eck nich den Hecht im Kruute
Veelichte ward hei morgen min
De Barsch un Brasse de öhn juste blitzet
Sall nächste Freu min Blinker sin

Ja wo' hennsüht Kamp um' Leeben
De Herrgott he dat sau bestimmt
Ok dat de Marder und at Weesel
Von Nacht dat Katteteeker düm'

Wer dat nun süht un mit erleebet
Un jammert- Arme Kreatur
De kennt nein Kamp, weit nicks vom Leeben
Kennt ok nein Wald un neine Flur

Findling

Hei liggt up witer Heide
In stiller Jinsamkeit
Eck luusche gar tau geeren
Wenn hei vertellen deit

Von sinen Wanderjahren
Von Jis un kooler Nacht
Von Barge groot un mächtig
Von Sun nun Steerenpracht

Von Storm un Blitz un Hagel
Von Water wild un dull
Dat öhn wee'n Ball edragen
Sau wiet, as wee hei woll

Bet her na stiller Heide
Doch wöört schon lange her
Wee veele dusend Jahre
Dat wüst hei sülmst nich mähr

Meuh slutt hei sine Ogen
Un drömt in Jinsamkeit
Up wieter stiller Heide
De Tüge-Ewigkeit

Lebenslucht

Wenn freuer mal de Lampe sweele
Trotzdem ör't nich am Ölje fähle
Dennsau woord öhr Docht geputzt
Besneen un taurecht e'stutzt
Un hinnerher keim't ein denn vorr
De Lampe strahlte better als tauvorr

Wenn aberst mal dat Lebenslucht
Von innerher sweel un verrußt
Dennsau was't meist de höchste Tid
Dat man seck nan Ersatz ümsüht
Mit neen Docht un preema Öl
Süst docht ok de Ersatz nich veel

Un sweelt genau sau wee dat Lucht
Dat man besnee'n un e ducht
Aberst am Lebensluchtn Stummel
Let seck nicks mähr tauhoope fummeln
Im Gegendeile wat tauletzt noch glimt
Bedütt, dat allens maln Enne nümmt

Kinnerleed

Sunnensatt un riepe
Sind Appels un de Beern
Un de mit gladden Wangen
De äte eck sau geern

Sunnensatt un riepe
Sind ok de seuten Pluum
Eck lutsche Pluumen veel leiber
As wee up minen Duum

Satt un fuul un riepe
Vorr'n Kooben liggt dat Swin
Vornmorgen kümmt de Slachter
De arste Wost - is din

Heidjer

Hei steiht mit fasten Beinen
Up siner Ahnen Grund
Drögt alle Sorg un Meuhe
Mit stillen kargen Mund

Sin Dag is lang un harte
An Arbeit fählt öhn nich
Von ersten Lucht bet laate
Kennt hei dat anners nich

Hei süht oht Leeben anners
Wee du u neck dat kennt
Drum het ne ok de Herrgott
Von Luuter Welt etrennt

Un wär ne taun Frünne
De Heidjer still uns licht
Mot Gott un Heimat leeben
Süt- kümmt taur Fründschapp nich

13

Mai

De schönste Tid vom Jahre
Dat is de Maientid
Wo allens greunt und bleuhet
De Heewen lucht un Wie

De Nachtigallen slahet
De Lerche jubeleert
Am Raine grell un schrille
De Grille murezeert

Use Kater wart ok munter
Meist aberst arst bi Nacht
Un still denn sin Verlangen
Un geit up Kattenjagd

Bet morgens in de Freuhe
Denn giwt hei seck tau'r Rauh
Un slatt up user Deele
Sine Katerogen tau

Jawoll, de schönste Tid im Jahr
Dat is un bliwt de Maientit
Wenn seut de Nachtigallen sluchzet
Un wenn de Grillen musezeert

G'heimnis

De Abendglocken klinget
Wiet ober Flur un Feld
Im heilgen deipen Freeden
Rauht nun de luute Welt

De Heeben het seck smücket
Mit Steeren güldner Pracht
Un funkelt wee Brilljanten
Dör use stille Nacht

Ja, wee veel Steeren glitzert
Woll an dat Heebenstellt
Schon oft he weck von Nacht'n
De Frage meck e'stellt

Bett Gott seck meck erbarme
Un tau reip „Minschenkind,
Bewundere mine Steeren
Nich tell'n- we veel et sind"

Erfreu deck an öhr funkel'n
An öhren güldnen Schin
Wee veel an Heeben glitzert
Mot min G'heimnis bli'm

In der Freuhe

Wo eck hennseih gladde Blaumen
Hoch am Heewen Lärkensang
Licht un froh in freuer Stunne
wandre eck am Water lang

Luthals springt min Bolko fröhlich
döör dat natte Krut um Rohr
dat de Aanten hille streeket
Aff – na'n stillen deipen Moor

„Heuh deck Bolko! Kumm bi Faute!
Laat din kleffen! – Her, kumm rann!
Stille wollt wi beide wandern
Luut fangt de Dagg von sülmenst an!

Wulken

Wee Scheemen swäbelt se am Heewen
In manniger Gestalt
Mal wee'n Päärt, mal wee'n Drachen
Mit gluhen Tänen in den Rachen
Ober de Heide, Flur un Wald

Ok sach eck Wulken lucht un gladde
Grad wenn't Snuckenlämmer wör'n
De her un doort am Heewen nabell'n
Seck ümm de Wulkenzitzen kabell'n
Meck ducht as däk se blööken hör'n

Sau sach eck Wulken freu un late
Doch eine de vergett eck nee
De küsse weik un leiw de Abendsunne
Dat sek von sülmst tau'r Andachtstunne
Lis mine Hänne falten dä'n

Dat goldne Door

Herrlich is et antauseihn
Wenn de Sunne unnergeiht
Et süht ut as wenn im Westen
De Heeben gluh in Flammen steiht

O wee gladd in denn de Heide
Wee'n grootet Märkenland
Golden sin de Findelsteine
Glitzern deit de witte Sand

Deipe Stille- Heilge Freeden
Meuhe geiht de Welt tau'r Rauh
Un de Herrgott sülmst slut lise
Dat goldne Door am Heeben tau

Irlucht

Eck danze ween Elpenkind
Von Nacht im silwern Dau
Dat Moor is weik
Dat Moor is deip
Min Kleed es blitze blau

Eck danze jümmers sau alleen
Kein Leewsten kann eck finnen
Dat Moor is weik
Dat Moor is deip
Drum eck sau trurig bin

Kumm Wandersmann un danz mit meck
Heit küss eck ok din Mund
Min Bedd is weik
Und steiht ganz deip
Up düstern Mooresgrund

19

Speuk am Water

Warst du schon mal nachts am Water?
Wenn swachet Zittern güng dört Rohr
Meist het seck denn n'Fisch efongen
Hinnerher, is Stille wee tauvorr

De Näbelfruun swäbet träge
Wee Scheernen de nich Rauhe find
Un ducket seck wenn Glockenschläge
De Wind im feernste Feeren swingt

Un wo dat Rohr seck eitelt speegelt
Im silwerhellen Mandenschin
Quarkt noch verleewt n' Aantenpärchen
Veelicht kann't ok schon Hochtiet sin

Dann wee'er Stille, doch nicht lange
„Kumm mit, kumm mit!" ne Üle schrillt
Et klingt nich Gladd un ok nich seute
Aberst de Üle het nein anner't Leed

Un wee'n Deiw up lisen saal'n
An't Water slickt se slaue Voß
Sin Balch is prall – de Jagd was lohn't
Ne Hetz un Blaut giwt beißtig dost

Un ok de Poggen – eck will sweegen
Gah sülmst von Nacht an't Schlip un Rohr
Denn sülmst most du den Speuk erleeben
Un ok de Stille de davorr

Arntedanz

Nun Bass un Klarinette
Speelt up tau Sang un Danz
Wie wollt ösch fröhlich dreihen
Unner den Arntekranz

De Buer giwt ösch Daler
Ok Beer un Brannewin
De gladdste himpen Weiten
Sall denn ok sine sin

Juchhei! De Röcke fleigt
Bunt is de Arntekranz
De Paster'n un de Buer
Maaket den arsten Danz

Harwest-Ende

De Arntewagen swanket sachte
In't Dörp den opnen Schünen tau
Dagg was lang un heit de Sunne
Et sehnt seck Minsch un Veih na Rauh

Vom Busch un Boom fallt gähle Blädder
Tau Eere dal von lisen Wind
Am Hagedooren pranget purpur Peerein
De Sunnensatt un ripe sind

Sacht geiht de Sommer nun tau Enne
Tau Enne ok der Blaumen Duft un Pracht
De Bottervagels de noch laate swelget
Haalt seck de Dot ganz lis von Nacht

Sunnenupsteeg

Wee Honnig peeket an'n Manchangel'n
De arste Morgensunnenstrahl
Un flütt an öhren dustern Kleede
Wee gluhet Gold tau'r Eere daal

Wohenn ok üht da glitzern Peerlen
An Kruut un Busch up jeden Pleck
Wer Elpen kennt un Näbelscheemen
Weit ok wär se verloren het

Eck gah min Wegg am Holte runner
Wo just det Hackers Trummel schallt
Uno k de Kuckuck rööpt sau milde
De Harlekin im dütschen Wald

De Vagels singet, slahet, jubelt
De Poggen murkt am Sulenrand
Meck dücht de Wald un stille Heide
Just wee'n herrlich Märkenland

O steeg de Sunne doch nich höger
Et ist sau herrlich wenn öhr arste Strahl
Wee Honnig an'n Machangel'n peeket
Un wee Gold flütt dran tau'r Eere daa

Starwedagg

De Dagg vergüng sau treuw un gru
Un lis de Heeben weene
Verslaaten sach de Heide ut
Un trurig Busch un Böme

De Wind, de slaug wee hull un dull
Koopheister ober'n Moore
Un statt der Vagel Slagg un Sang
Krächsen de Kreihn im Ehre

Deip trurig lagg de Heide da
Un ducht meck wee'n Kraug
Den vull, glattsten Leeder sung
Un hinnerher- in dusend Stücke slaug

Wohenn eck sach de green de Dot
Un oberall n'beewen
Vorr sinen gräsig koolen Hand
Wehrloot was prees egeben

Eck güng min Wegg mit swaren Hart
Döör steekeduster Nacht
Un vorr meck her da hüül de Wind
Vom Haarwest Starwedagg

Barken

Se staht Speleer am Heidewege
Wee Jungfern bi ner Fastlichkeit
Und dauhet schüchtern, zittert beewet
Wenn lis de Wind se küssen deit

Ok all de Barken hinnn in Moore
Öhr Kleed past gaut tau bruun un swart
Se stahet doort wee droomverloren
Un geewt'n Bild von gladder Pracht

Un wenn de Wind am Waldesranne
De Barken leiw mal küssen deit
Denn süht da ut, as wenn de Jüngste
We ne Katte üm seck kleit

Un weifet mit öhr scharpen Telgen
De Winne gallig in't Gesicht
Un hinnerher lispelt se trurig
Sau gallig kleihen, dat woll eck nich

Eck mag de Barken alle geeren
Un heww de Jungen we de Olen leiw
Besonners de an miner Modder Grawe
De nich mehr jung un krumm un scheiw

Nachwort

Als mein Onkel 1983 im Alter von 88 Jahren starb, war er noch immer völlig in Besitz seiner geistigen Kräfte, wenn körperlich bereits stark von Krankheit geschwächt. Er konnte aber von sich behaupten, ein bewegtes und abwechslungsreiches Leben gelebt zu haben.

In Hannover geboren und in einer wohlhabenden Familie aufgewachsen, hat der Bombenhagel des letzten Krieges seine Familie nach Celle umsiedeln lassen. Auch als der Schrecken, bei dem er all sein Habe verloren hatte, vorbei war, ist er dieser Stadt treu geblieben und hat sich in ihr gut etabliert. Man kann sagen, er ist durch sein aufgeschlossenes Wesen und den vielen Berichten über sein

Leben in der Tageszeitung zu einer stadtbekannten Persönlichkeit geworden. Von seiner Geburt und Jugend ist mir leider nicht viel bekannt. Nur so viel: Meine Großeltern wohnten um die Wende des vorigen Jahrhunderts im gleichen Stadtteil Hannovers wie der zu der Zeit noch nicht so bekannte Heimatdichter Hermann Löns. Der arbeitete zu der Zeit gerade an seinem dritten Buch. Hermann Löns, damals etwa 40-jährig und Redakteur bei einer hannoverschen Zeitung, hatte nichts dagegen, wenn die Kinder aus seiner Nachbarschaft, unter ihnen auch mein Onkel, sich seine Terrarien in einer alten Scheune besahen. Er gab ihnen auf ihre neugierigen Fragen sicher die richtigen Antworten. Oft fanden auch gemeinsame Streifzüge in die nahe Umgebung statt, in deren Folge Löns den wissbegierigen Kindern die Natur in allen Einzelheiten erklärte. Gerade in dieser Zeit hat sich wohl in meinem Onkel die Natur geöffnet, was dann auch sein weiteres Leben mit bestimmt hat.

In den folgenden Jahren gingen die Lebensläufe auseinander. Beide nahmen am ersten Weltkrieg teil, Hermann Löns fiel in den ersten Kriegswochen, mein Onkel überlebte den unsinnigen Krieg, war dreimal verwundet im Argonnerwald, und trug an den Folgen der Verwundungen sein ganzes Leben. Das traurigste Kapitel seines Lebens führte ihn, gezwungenermaßen, zur weitesten Reise in seinem Leben.

Aufgrund der erlittenen Verletzungen bot sich für meinem Onkel keine Perspektive auf eine Tätigkeit, so widmete er sich aus innerem Antrieb heraus der Malerei und schuf mit Hilfe bekannter hannoverscher Lehrer, wie Burger- Mühlfeld und A. Weißgerber, den Grundstock für eine Passion, die ihn sein Leben lang begleiten sollte. Mit dem Verkauf der Bilder, kleiner Geschichten und Gedichte sicherte er den Lebensunterhalt für sich und die Familie. Ob seine Liebe zur Heide noch von seiner früheren Bekanntschaft mit dem großen Heidedichter herrührte, oder ob sie erst kam, als er um seinen neuen Wohnort Celle herum den Jagd- und Naturbeobachtungen nachging, lässt sich nicht mehr ermitteln, aber es war sicherlich so. Heute bedaure ich, diesen Zweig meiner großen Familie erst spät näher kennen und schätzen gelernt zu haben. In meiner Kindheit galt mein Onkel in Gesprächen, die sich natürlich in seiner Abwesenheit um ihn drehten, als die etwas verkrachte Existenz (Künstler!!!). Völlig ohne Grund, wie ich bei intensiverem Kennen lernen feststellen konnte. Mein Onkel war ein Mann, der in das allgemeine Schema nicht einzuordnen war. Sicher lebten er und seine Familie nicht im Luxus, aber dafür in einer stillen Zufriedenheit mit dem, was zur Verfügung stand. Da der eigene Kinderwunsch leider versagt blieb, adoptierten meine Tante und er zwei wunderbare Mädchen. Die Vier zusammen bildeten eine Familie, wie man sie heute als „Vorzeigefamilie" bezeichnen würde. Allein die Tatsache, dass diese Adoption möglich war, bewies den guten Leumund, den mein Onkel in Celle hatte. Das Schreiben und das Malen prägten sein Leben. Mit seinen Beobachtungen und der erwachten Liebe zur Heide kam wohl auch der Gedanke, Stimmungen und Empfindungen von diesem schönen Fleckchen Erde, der Heide, festzuhalten. So entstanden Gedichte, die für mich erst schwer zu lesen waren. Als ich ihren Sinn begriff, hielt ich es für wert, sie zusammenzutragen und so entstand dieses kleine Büchlein.

Wenn meine Sammlung auch nur ein kleiner Teil seines Schaffens beinhaltet, so hoffe ich, Sie, liebe Leser, damit begeistern zu können.

Dass mein Onkel gerade die niederdeutsche Aussprache für seine Gedichte wählte, hat sicher seine Ursache in der Verbundenheit mit seiner Umgebung. Fast alle, die er kannte und mit denen er Umgang pflegte, sprachen plattdeutsch und so ging diese Aussprache auch in seine Gedichte ein.

Rolf Alldag

Weitere Bücher aus unserem Hause

Sagen, Mythen und Legenden aus dem Harz - Band 1-3

Mythen, Sagen und Legenden prägen den Harz wie kaum etwas anderes, wir begegnen ihnen auf Schritt und Tritt. Wir haben sie gesammelt, ihnen ein modernes Kleid geschneidert und sie farbig illustriert um sie zu erhalten und weiter zu überliefern. Denn leider sind Erzählstunden nicht mehr all zu modern.

Band 1: Taschenbuch: ISBN: 978-3-8391-2712-4
       Hardcover: ISBN 978-3-8391-2850-3
Band 2: Taschenbuch: ISBN: 978-3-8370-5893-2
       Hardcover: ISBN: 978-3-8370-5893-2
Band 3: Taschenbuch: ISBN: 978-3- 8423-3958-3
       Hardcover: ISBN: 978-3- 8423-3486-1

Schultze und Müller im Harz

Wilhelm Scholz (1824-1893) war ein bekannter und begnadeter deutscher Zeichner, Karikaturist und Humorist des 19. Jahrhunderts. Darauf sollte man den begnadeten Künstler aber nicht reduzieren, denn er war auch brillanter humoristischer Reiseschriftsteller. Darum haben wir eines seiner Werke, „Schultze und Müller im Harz", neu aufgelegt.

Taschenbuch: ISBN: 978-3-8391-4902-7

Burgen und Schlösser der Harzregion Band 1 und 2

Das Autorenteam möchte versuchen, Ihnen mit diesem Buch diese von Mystik umwehten Relikte einer längst vergangen Zeit näher zu bringen. In einzigartiger Weise haben wir geschichtliche Fakten mit detaillierten Grundriss- und Rekonstruktionszeichnungen sowie historischen Stichen und Zeichnungen verknüpft.

Band 1:
Hardcover: ISBN: 978-3-8391-8878-1
Taschenbuch: ISBN: 978-3-8423-3947-7
Band 2:
Hardcover ISBN: 978-3- 8423-5024-3

Die Mär von Reineke dem Fuchs

Wir haben versucht, das Image der alten, verstaubten Fabel abzustreifen und Reineke dem Fuchs mit einer modernen Version neues Leben einzuhauchen. Wir hoffen, dass wir mit unserem modernisierten Text und den gleichfalls modernisierten Illustrationen ihren Geschmack getroffen haben.

Hardcover:
ISBN: 978-3-3842-3062-71
Taschenbuch:
ISBN: 978-3-8423-3001-6

Die Harz-Geschichte

Der Harz als nördlichstes deutsches Mittelgebirge war zu allen Zeiten eine Kulturscheide. Daraus entwickelt hat sich eine einzigartige Kulturlandschaft, eine Symbiose aus verschiedensten Landschaftsformen und Vegetations-stufen, einhergehend mit den unterschiedlichsten menschlichen Siedlungsstrukturen. Dieses Mittelgebirge, mit seinen Vorlanden, in all den Facetten seiner Entwicklung vorzustellen, ist Anliegen dieses Buches.
Hardcover: ISBN: 978-3-8423-4263-7

Luise und andere Jagdgeschichten

Mit lockerer, frischer Schreibe, die sehr unterhaltsam ist, macht uns Alldag zu Zeugen einiger seiner zahlreichen Begegnungen mit Land, Leuten, Natur und natürlich dem Wild. Seine Geschichten zeugen von fachlichem Wissen und Jagdverstand, sie zeigen uns aber auch mit welcher Liebe zur Natur, zu den Menschen und zum Leben der Autor seiner Passion nachgeht.
Taschenbuch:
ISBN: 978-3-8391-8491-2
Hardcover:
ISBN: 978-3-8423-5826-3

In jenen Jahren

Dietrich Wilde – Über die Zeit nach 1945 in Bad Suderode und Gernrode wird in diesem Buch berichtet. Zunächst als Bürgermeister in Gernrode unter amerikanischer, danach unter russischer Besatzung, später als Richter in Magdeburg und Halle – Zeiten der Vergewaltigungen und Verbrüderungen, des Wiederaufbaus, rücksichtsloser Demontage und großherziger Geschenke, Zeiten sowjetischer Härte und russischer Seele! Tragödien und Komödien im besiegten Deutschland.

Taschenbuch: ISBN: 978-3-8423-5364-0